Mohamad Sultan

Comparação de desempenho entre TFRC e UDP para redes IP móveis

Mohamad Sultan

Comparação de desempenho entre TFRC e UDP para redes IP móveis

ScienciaScripts

Imprint

Any brand names and product names mentioned in this book are subject to trademark, brand or patent protection and are trademarks or registered trademarks of their respective holders. The use of brand names, product names, common names, trade names, product descriptions etc. even without a particular marking in this work is in no way to be construed to mean that such names may be regarded as unrestricted in respect of trademark and brand protection legislation and could thus be used by anyone.

Cover image: www.ingimage.com

This book is a translation from the original published under ISBN 978-613-4-91928-9.

Publisher:
Sciencia Scripts
is a trademark of
Dodo Books Indian Ocean Ltd. and OmniScriptum S.R.L publishing group

120 High Road, East Finchley, London, N2 9ED, United Kingdom
Str. Armeneasca 28/1, office 1, Chisinau MD-2012, Republic of Moldova, Europe
Printed at: see last page
ISBN: 978-620-8-09807-0

Índice

Introdução

Recentemente, o número de utilizadores da Internet e o acesso à Internet estão a aumentar em todo o mundo. De acordo com o sítio Internet World Stats, o número de utilizadores da Internet no mundo aumentou em 1 802 330 457 pessoas em 31 de dezembro de 2009, o que representa um aumento anual de 26,6% em relação ao número estimado de utilizadores que existiam há um ano no final de 2009 [1].

A rede local sem fios liga dois ou mais computadores ou dispositivos (nós) sem utilizar fios; utiliza ondas electrónicas, como a tecnologia de ondas de rádio, para permitir a comunicação entre dispositivos numa pequena área. Isto dá aos utilizadores a mobilidade que lhes permite deslocarem-se dentro de uma ampla área de cobertura e manterem-se ligados à rede.

A visão das comunicações sem fios que servem de suporte ao intercâmbio de informações entre pessoas ou dispositivos é a vanguarda das comunicações nas próximas décadas, e grande parte dela já existe sob alguma forma. Esta visão permitirá a comunicação multimédia a partir de qualquer lugar do mundo utilizando um pequeno dispositivo portátil ou um computador de bolso. As redes sem fios ligarão computadores palmtop, portáteis e de secretária em qualquer local de um edifício de escritórios ou campus, bem como no café da esquina [2].

Figura1: Rede doméstica sem fios [3]

As redes domésticas permitirão uma nova classe de dispositivos electrónicos inteligentes que podem interagir entre si e com a Internet. Também proporciona conetividade entre computadores, telefones e sistemas de monitorização de segurança. A figura 1 ilustra alguns dos dispositivos utilizados nestas redes. [3]

Atualmente, a Web continua a ser acedida principalmente através de um computador pessoal, mas começamos a ver mais entusiasmo pela Web a partir de dispositivos móveis, como o I-Phone. Uma das tendências actuais da Internet é a Web móvel. Assim, o investigador espera que, nos próximos dez anos, existam mais serviços de localização disponíveis através de dispositivos móveis, tais como ofertas de compras personalizadas à medida que se caminha pelo centro comercial local, ou a obtenção de direcções no mapa enquanto se conduz o carro. [4]

Um dos protocolos utilizados num ambiente Internet e nos meios de comunicação e de computação da Internet com tráfego TCP é o TCP-friendly Rate control (TFRC). Trata-se de um mecanismo de controlo de congestionamento concebido para o funcionamento de fluxos multicast. O TFRC foi concebido para aplicações que utilizam um tamanho de pacote fixo e variam a sua taxa de envio em pacotes por segundo em resposta ao congestionamento. Além disso, foi concebido para ser razoavelmente justo quando compete pela largura de banda com fluxos TCP, em que um fluxo é "razoavelmente justo" se a sua taxa de envio estiver geralmente dentro de um fator de dois da taxa de envio de um fluxo TCP nas mesmas condições. No entanto, o TFRC tem uma variação muito menor do débito ao longo do tempo em comparação com o TCP, o que o torna mais adequado para aplicações como a telefonia ou o fluxo contínuo de média, em que é importante uma taxa de envio relativamente suave. [5]

Além disso, um dos principais membros do conjunto de protocolos da Internet é o protocolo de datagrama do utilizador (UDP). É o conjunto de protocolos de rede que são utilizados na Internet. Com o UDP, as aplicações informáticas podem transmitir mensagens, designadas por datagrama, a outros anfitriões numa rede IP (Internet Protocol) sem necessidade de estabelecer canais de transmissão ou caminhos de dados. Ocasionalmente, o UDP é designado por Protocolo Universal de Datagrama. [6] O Protocolo de Datagrama de Utilizador é utilizado principalmente para a difusão de mensagens e multimédia através da rede, e os limites dos datagramas são respeitados. [7]

Neste estudo, o investigador está a tentar avaliar o desempenho dos protocolos TRFC, UDP, e uma comparação entre eles para avaliar o desempenho do melhor em toda a rede IP móvel, utilizando a simulação de rede (NS2), como mostra a Figura 2.

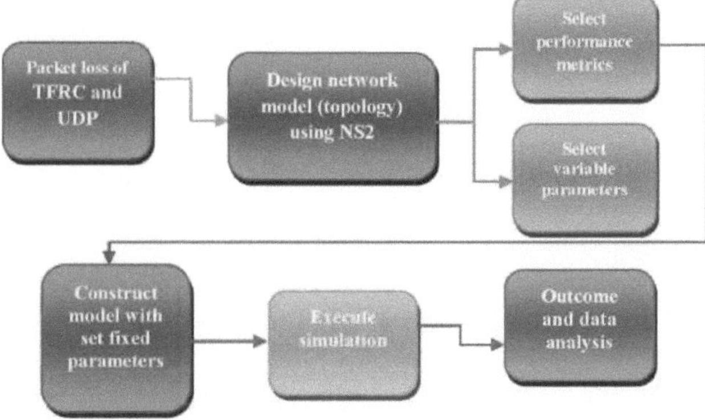

Figura 2: Método de simulação [7]

1.1 Declaração do problema

O desenvolvimento e o crescimento no domínio das aplicações multimédia e dos jogos em tempo real obrigam a um aumento da utilização de protocolos de meios de comunicação contínuos que não dispõem de mecanismos de controlo de congestionamento extremo a extremo. A falta de controlo do fluxo nestes protocolos pode levar a uma monopolização da largura de banda disponível, uma vez que estes protocolos não se preocupam com a fiabilidade da entrega dos dados. Este problema, designado por problema amigo da Internet ou problema amigo do TCP. [8]

Existem vários protocolos utilizados para o fluxo de multimédia, como o TFRC e o UDP. Além disso, existe uma aplicação importante que suporta serviços de difusão e multicast; terá o UDP como protocolo de transporte. Para tal, o TCP, um protocolo orientado para a ligação, não suporta este tipo de serviços. [7]

Por outro lado, o TFRC, concebido para redes com fios, não consegue distinguir as perdas de pacotes causadas por congestionamento das perdas causadas por erros na ligação sem fios num ambiente híbrido sem fios. [9] Além disso, o desempenho destes protocolos será ainda mais degradado quando ocorrer um handoff devido à mobilidade da rede. Por conseguinte, é necessário identificar esta situação.

1.2 Questão de investigação

Este inquérito tem por objetivo responder às seguintes questões.

1.   Como medir o desempenho do TFRC e do UDP numa rede IP móvel?

2.   Como é que o desempenho do TFRC se compara ao desempenho do UDP na rede IP móvel?

3.   Como escolher um desempenho superior do TFRC em relação ao UDP numa rede IP móvel?

1.3 Objetivo da investigação

Os objectivos da investigação foram claramente definidos, para garantir que o projeto segue o seu curso. Esta investigação

espera-se alcançar os seguintes objectivos:

•   Medir e produzir diretrizes de desempenho do TFRC e do UDP sobre a rede IP móvel.

•   Comparar o desempenho entre o TFRC e o UDP numa rede IP móvel.

•   Identificar quais os protocolos TFRC e UDP que podem ter melhor desempenho em relação ao IP móvel

Rede.

Problemas	Perguntas	Objectivos	Resultados	Métodos	Validações
Não existe uma diretriz para determinar qual o melhor protocolo (TFRC ou UDP) a utilizar com o fluxo de multimédia sobre IP móvel.	Como medir o desempenho do TFRC e do UDP na rede IP móvel	Medir e produzir diretrizes de desempenho do TFRC e do UDP sobre a rede IP móvel.	Diretrizes	Simulação de rede	Experiência
	Como é que o desempenho do TFRC se compara ao desempenho do UDP	Comparar o desempenho entre o TFRC e o UDP numa rede IP móvel.	Relatório	Análise da literatura	Análise

na rede IP móvel.				
Como escolher um desempenho superior do TFRC em relação ao UDP numa rede IP móvel?	Identificar quais os protocolos TFRC e UDP que podem ter melhor desempenho numa rede IP móvel.	Relatório	Análise da literatura	Análise

1.4 Âmbito do estudo

Neste estudo, serão realizadas duas experiências. Em primeiro lugar, utilizaremos o TFRC no nó móvel e no servidor. O nó móvel será ligado ao ponto de acesso através de uma ligação sem fios, enquanto o servidor será ligado à rede com fios. Quanto à segunda experiência, a topologia mantém-se igual, mas substituindo o TFRC por UDP. O NS 2 será utilizado como ferramenta de simulação para esta investigação.

1.5 Importância do estudo

Este estudo tem como objetivo fornecer resultados analíticos importantes sobre a implementação de dois protocolos diferentes, o TFRC e o UDP, numa rede IP móvel. A comparação destes protocolos e as suas métricas de desempenho serão estudadas utilizando ferramentas de simulação de rede e de análise.

Além disso, esta pesquisa será referência e fonte para novos pesquisadores interessados em simulação de redes, visualização de análise de arquivos de rastreamento, métricas de desempenho computacional e também interessados em streaming de mídia em redes IP móveis.

Revisão da literatura

2.1 Rede IP móvel

O IP móvel é uma norma que permite aos utilizadores com dispositivos móveis, cujos endereços IP estão associados a uma rede, manterem-se ligados quando se deslocam para uma rede com um endereço IP diferente. A Figura 2.1 mostra que quando um utilizador deixa a rede à qual o seu dispositivo está associado, a rede doméstica, e entra no domínio de uma rede estrangeira, a rede estrangeira utiliza o protocolo IP móvel para informar a rede doméstica de um endereço de atendimento para o qual todos os pacotes do dispositivo do utilizador devem ser enviados. [10] O IP móvel encontra-se mais frequentemente em ambientes WAN sem fios, em que os utilizadores têm de transportar os seus dispositivos móveis através de várias LAN com diferentes endereços IP.

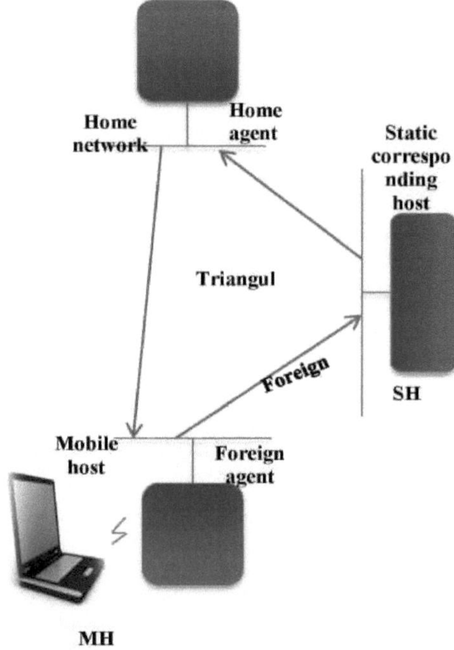

Figura 3: IP móvel [11]

2.1.1 Dispositivos necessários para o IP móvel

De acordo com [11-12], a Figura 4 mostra o princípio de funcionamento do IP móvel. Os dispositivos necessários para o IP móvel incluem o nó móvel, a rede doméstica, a rede externa, o tratamento do endereço e os agentes. O nó móvel é um nó que se desloca e muda de posição dinamicamente, mas continua a comunicar com qualquer outro sistema na Internet, desde que haja conetividade na camada de ligação. A rede doméstica é a sub-rede a que pertence o nó móvel. O nó móvel tem o seu endereço IP na sub-rede doméstica. Não é necessário suporte de IP móvel quando o nó móvel comunica dentro da rede doméstica.

A rede externa é a sub-rede, exceto a rede doméstica. A sub-rede atual é aquela que o nó móvel está a visitar agora. Os nós móveis recebem dois endereços IP: o endereço de origem e o endereço de destino. O endereço IP de origem é um endereço estático utilizado para identificar a ligação de extremo a extremo e é utilizado pelo nó móvel quando está ligado à sua rede doméstica. O endereço de assistência não é estático.

Trata-se de um endereço dinâmico utilizado apenas para o encaminhamento de pacotes e utilizado pelo nó móvel numa rede estrangeira, uma vez que o endereço de atendimento muda sempre que o nó móvel muda para uma nova sub-rede.

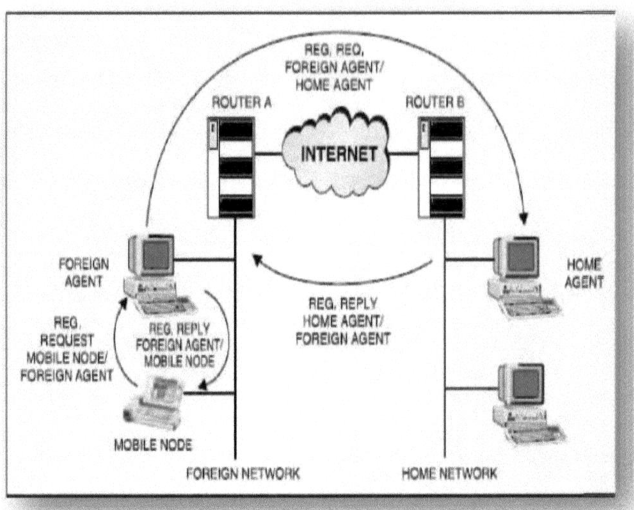

Figura 4: Dispositivos IP móveis [12]

2.2 Rede sem fios

As redes sem fios utilizam ondas de rádio e/ou micro-ondas para manter os canais de comunicação entre computadores e dispositivos sem fios. A rede sem fios é uma alternativa mais moderna à rede com fios que assenta em cabos de cobre e/ou fibra ótica entre dispositivos de rede. As principais vantagens da rede sem fios são a mobilidade e a eliminação de cabos horríveis. As desvantagens da rede sem fios incluem a possibilidade de interferência de rádio devido às condições climatéricas, a outros dispositivos sem fios ou a obstruções como paredes.

A tecnologia sem fios está a ganhar popularidade rapidamente, tanto para redes domésticas como empresariais. A tecnologia sem fios continua a melhorar e o custo dos produtos sem fios continua a diminuir. Os produtos de rede local sem fios (WLAN) mais apreciados estão em conformidade com as normas 802.11 "Wi-Fi". O equipamento necessário para construir uma rede sem fios inclui adaptadores de rede (NICs), pontos de acesso (APs) e routers. [2-3]

A mobilidade pode ser tanto sem fios como com fios e vice-versa. Em todas as quatro combinações, verificamos que com ou sem fios são questões da camada de ligação de dados, enquanto a mobilidade é uma questão da camada de rede ou, em geral, de uma camada superior. Assim, a "mobilidade" não requer anfitriões com ou sem fios. Por conseguinte, é necessário introduzir protocolos mais recentes que possam ser utilizados para trabalhar na Internet com esses anfitriões móveis. No entanto, isso exigiria uma tarefa monumental de atualização e configuração de um grande número de routers e hosts. Por conseguinte, os protocolos concebidos devem ser capazes de suportar actualizações incrementais. Isto significa que devem poder falar tanto com os anfitriões que ainda não estão configurados como com os anfitriões que já estão actualizados. É muito provável que o IP móvel venha a ser implementado de uma forma ou de outra no futuro.

O modelo OSI

O modelo de referência OSI foi desenvolvido pela Organização Internacional de Normalização (ISO). É utilizado para descrever o fluxo de dados entre a ligação física à rede e a aplicação do utilizador final. O modelo OSI é utilizado para o desenvolvimento de sistemas abertos e como referência para comparar diferentes sistemas de comunicações informáticas.

As camadas OSI são numeradas para representar a funcionalidade da camada. A numeração é feita de baixo para cima. As funções mais básicas, como a colocação de bits de dados no cabo de rede, estão na parte inferior. As funções que tratam dos pormenores das aplicações estão no topo.

A figura seguinte mostra os diferentes níveis do modelo de camadas OSI.

7. Camada de aplicação

6. Camada de apresentação

5. Camada de sessão

4. Camada de transporte

3. Camada de rede

2. Camada de ligação de dados

1. Camada física.

No modelo OSI, o objetivo de cada camada é fornecer serviços à camada imediatamente superior, protegendo a camada superior dos pormenores da forma como os serviços são efetivamente implementados. A lista seguinte descreve o objetivo de cada uma das sete camadas do modelo OSI e identifica os serviços que estas fornecem às camadas adjacentes [2].

1.   A camada física transmite bits através de um canal de comunicação. A camada física relaciona as interfaces eléctricas/ópticas, mecânicas e funcionais com o cabo. Também transporta os sinais que transmitem os dados gerados por todas as camadas superiores.

2.   A camada de ligação de dados baseia-se na capacidade de transmissão da camada física e fornece serviços à camada de rede. Os bits que são transmitidos ou recebidos são agrupados em unidades lógicas designadas por fotogramas. No contexto das LANs, um quadro pode ser um quadro Token Ring ou Ethernet, um quadro FDDI (Fiber Distributed Data Interface) ou outro quadro do tipo LAN. Para ligações WAN, pode ser um quadro SLIP (Serial Line Interface Protocol), PPP (Point-to-Point Protocol), X. 25, ou um quadro de célula ATM (Asynchronous Transfer Mode) ou outro quadro do tipo WAN.

3.   A camada de rede baseia-se na ligação nó-a-nó fornecida pela camada de ligação de dados. A camada de rede fornece o serviço adicional de encaminhamento de pacotes (unidades de informação na camada de rede) entre nós ligados através de uma rede arbitrariamente complexa.

Para além do encaminhamento, a camada de rede ajuda a eliminar o congestionamento e a regular o fluxo de dados. A camada de rede também possibilita a interconexão de duas redes através da implementação de um mecanismo de endereçamento uniforme.

4.   A camada de transporte fornece melhorias aos serviços da camada de rede. Esta camada ajuda a garantir uma entrega fiável de dados e a integridade dos dados de extremo a extremo. Para garantir uma entrega fiável, a camada de transporte baseia-se no controlo de erros fornecido pelos níveis inferiores. Se as camadas inferiores não puderem fornecer um fluxo de dados sem erros, a camada de

transporte tem de resolver os erros de dados.

5.	A camada de sessão permite que duas aplicações em computadores diferentes estabeleçam, utilizem e terminem uma ligação designada por sessão. A camada efectua o reconhecimento de nomes e as funções necessárias para permitir que duas aplicações comuniquem através da rede, tais como funções de segurança.

6.	A camada de apresentação gere a forma como os dados são representados. Existem muitas formas de representar os dados, como ASCII e EBCDIC para ficheiros de texto. Muitas aplicações TCP/IP não utilizam quaisquer serviços da camada de apresentação e a camada de apresentação é nula para estas aplicações [3].

7.	A camada de aplicação contém os protocolos e funções necessários às aplicações do utilizador para realizar tarefas de comunicação. Estes protocolos fornecem diferentes serviços para as aplicações dos utilizadores interagirem com a rede informática.

Muitos destes serviços são designados por Interfaces de Programação de Aplicações (APIs). As APIs são bibliotecas de programação que um escritor de aplicações pode utilizar para escrever aplicações de rede.

Os dois sistemas informáticos envolvidos no intercâmbio de dados são designados por sistemas finais (ES) na terminologia OSI. A camada de aplicação em cada ES efectua o processamento e acrescenta algumas informações de aplicação como informações de cabeçalho à mensagem. Em cada camada, são acrescentadas mais algumas informações de processamento à mensagem. A figura seguinte mostra um exemplo de como os dados atravessam a rede.

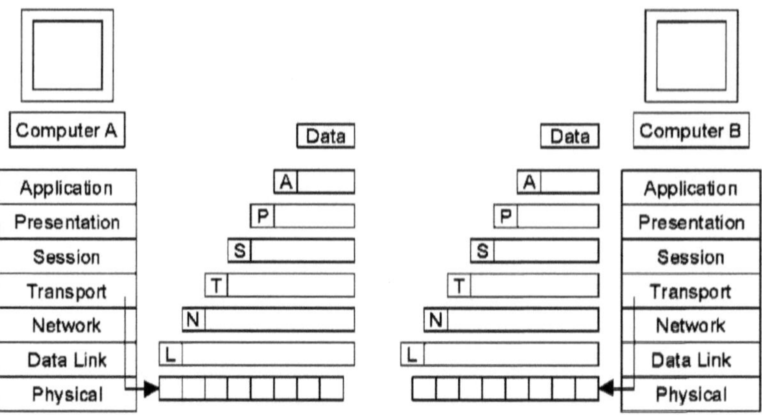

Figura 5: Passagem de dados nas camadas de rede

O modelo OSI fornece uma visão concetual da comunicação que é fácil de compreender. Na prática atual, as camadas não estão tão bem definidas como no modelo OSI. Uma implementação, por exemplo, pode não ter uma separação distinta entre a camada de apresentação e a camada de aplicação. Muitas das funções da camada de apresentação, como a codificação e descodificação universais de dados, podem ser executadas na camada de aplicação, chamando funções de linguagem de programação de codificação e descodificação de dados adequadas.

- Hierarquia de implementação do TCP/IP

A hierarquia de implementação do TCP/IP difere ligeiramente do modelo OSI. Existe também um modelo DoD (Department of Defense), que tem menos divisões do que o modelo OSI. O modelo seguinte resume os protocolos relacionados com o trabalho na Internet e o TCP:

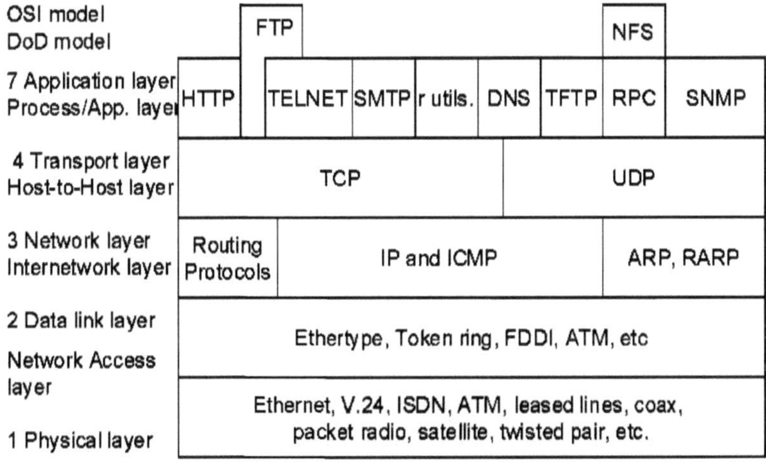

Figura 6: Hierarquia de implementação do TCP/IP

Diferentes aplicações utilizam serviços fornecidos por TCP, UDP e IP. Embora o TCP e o UDP sejam protocolos de nível superior ao IP, as aplicações podem utilizar o IP diretamente. Alguns exemplos de aplicações de nível TCP são o Protocolo de Transferência de Ficheiros (FTP), o Protocolo de Transferência de Hipertexto (HTTP), o TELNET e o Protocolo de Transferência de Correio Simples (SMTP). Exemplos de protocolos que funcionam sobre o UDP são o Trivial File Transfer Protocol (TFTP) e o Simple Network Management Protocol (SNMP). O Network File System (NFS) é um exemplo de protocolo que pode ser executado tanto em TCP como em UDP.

O TCP/IP pode ser executado em cima de muitos protocolos de nível inferior.

2.3 Streaming multimédia

O streaming de media na Internet consiste simplesmente na transmissão de áudio e vídeo de um computador para outro e, normalmente, apresentado a um utilizador final por um fornecedor de streaming. [13] Alguns anos mais tarde, os sítios de estações de rádio e de música ofereceram aos ouvintes da Web um grande número de opções de som e música. Um estudo da Accustream iMedia Research indicou que, de 2004 a 2005, o número de fluxos de vídeo visualizados aumentou 50%, atingindo 17,95 mil milhões [14]. [14]

2.3.1 Tipos de streaming

As distinções mais populares em matéria de fluxo contínuo são "em direto" versus "a pedido" e "fluxo contínuo verdadeiro" versus "transferência progressiva". Entre as empresas de comunicação social e as aplicações comerciais profissionais, o conteúdo de vídeo transmitido a pedido é mais comum do que o conteúdo transmitido em direto (a transmissão de vídeo em direto através de videoconferência e de Webcams constitui um tipo diferente de tecnologia). Para apresentar a transmissão em fluxo contínuo a pedido, é necessário utilizar um servidor de transmissão em fluxo contínuo com capacidade suficiente para armazenar o seu conteúdo e que possa ser configurado para permitir um número suficiente de utilizadores simultâneos (ao contrário da radiodifusão, o número de utilizadores simultâneos está limitado à capacidade do servidor). Para fazer uma transmissão profissional em direto, são necessários todos os elementos acima referidos e a adição de um computador dedicado (denominado "codificador" ou "difusor") para construir os fluxos a partir das entradas em direto (como um microfone ou uma câmara), digitalizando, comprimindo e enviando o conteúdo para o servidor de fluxo contínuo como um fluxo RTP (protocolo de transporte em tempo real). A maioria dos serviços comerciais de vídeo na Web oferece conteúdos a pedido. [15]

Do ponto de vista do utilizador final, o verdadeiro fluxo contínuo é quando o conteúdo demora alguns segundos a ser armazenado em memória intermédia antes de ser reproduzido, enquanto a transferência progressiva guarda efetivamente o ficheiro no disco rígido antes da reprodução. O verdadeiro fluxo contínuo exige que o fornecedor utilize um servidor de fluxo contínuo especial (por exemplo, o servidor Helix 10 da Real, o servidor Darwin da Apple, o Windows Media Server da Microsoft ou o Communication Server MX da Flash). O servidor de fluxo contínuo utiliza os protocolos adequados (como RTSP [protocolo de fluxo contínuo em tempo real] e RTP) para que o conteúdo seja simplesmente reproduzido e não seja armazenado. Isto difere do que se designa por "transferência progressiva", que utiliza um servidor Web HTTP (protocolo de transferência de hipertexto) normal. Uma vez que os ficheiros de vídeo continuam a ser bastante grandes, a transferência progressiva não é normalmente a primeira escolha dos utilizadores. No entanto, é a forma mais fácil de contornar as firewalls. As principais vantagens do verdadeiro fluxo contínuo são a velocidade, o controlo (do anfitrião) e a flexibilidade. O material transmitido em fluxo contínuo é reproduzido rapidamente, quase instantaneamente. O controlo é maximizado para o anfitrião, porque o conteúdo original permanece no servidor e o acesso pode ser controlado através de palavra-passe, gestão de direitos digitais (DRM), registo ou qualquer outra caraterística de segurança. [15]

Em conclusão, uma vez que as partes transmitidas são colocadas individualmente num servidor anfitrião e podem ser actualizadas ou alteradas conforme necessário, existe uma enorme flexibilidade. As principais vantagens da transferência progressiva são que a qualidade de reprodução pode ser elevada (porque o ficheiro multimédia é transferido para o computador do utilizador) e o cliente tem uma cópia digital do material (controlo do utilizador).

2.3.2 Protocolo de datagrama do utilizador (UDP)

O protocolo de datagrama do utilizador (UDP) é talvez um dos mais simples de todos os protocolos do conjunto TCP/IP[16]. [16] O formato do cabeçalho tem apenas quatro campos (sem contar com os dados da mensagem) e dois dos quatro campos são opcionais. O UDP oferece a funcionalidade mínima necessária para utilizar os serviços de entrega de datagramas brutos do IP. Uma mensagem UDP contém um par de campos de porta de origem e de destino, um campo de comprimento e uma soma de controlo opcional que verifica toda a mensagem UDP, incluindo os dados. A figura 7 mostra o cabeçalho UDP. [6]

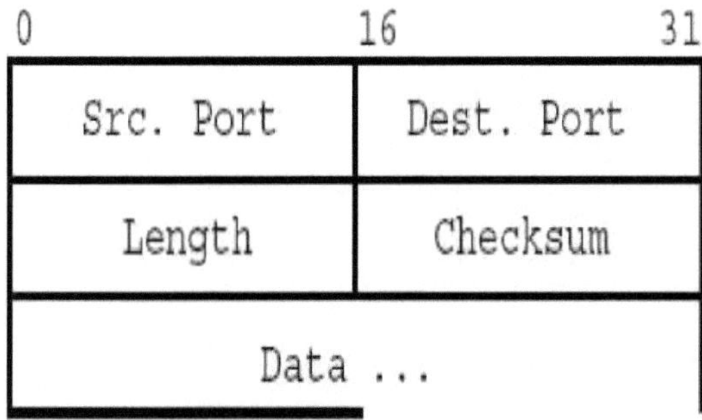

Figure 7 UDP Header [6]

O campo de 16 bits da porta de origem é opcional, definido como zero na ausência de um processo de origem associado ao qual o recetor possa responder, mas é quase sempre utilizado mesmo que não sejam esperados pacotes de resposta. O campo de 16 bits da porta de destino é obrigatório e identifica o processo UDP remoto no sistema recetor. O campo de comprimento de 16 bits é o comprimento da mensagem UDP, incluindo o cabeçalho e os campos de dados.

O comprimento mínimo é oito e é medido em octetos (por exemplo, 0x08). [16] A soma de controlo de 16 bits é o complemento de 16 bits do complemento da soma do pseudo-cabeçalho IP, do cabeçalho UDP e dos dados UDP. Se necessário, os dados UDP são preenchidos com octetos cheios de zeros para formar um múltiplo de dois octetos. Embora seja opcional, recomenda-se que as aplicações calculem sempre a soma de controlo na transmissão. As aplicações que não calcularem uma soma de controlo preencherão o campo com zeros. Os receptores devem verificar a soma de controlo, se esta estiver presente.

O UDP é um protocolo de entrega de mensagens sem ligação e não fiável. Ou seja, não existe um procedimento de configuração pré-determinado para dois processos UDP em comunicação e, quando o processo UDP emissor formata a mensagem, entrega-a à rede e esquece-a. Do mesmo modo, no recetor, uma mensagem UDP é entregue ao processo de destino adequado sem ter em conta o anfitrião emissor. Cabe à aplicação recetora multiplexar corretamente as mensagens UDP se o recetor tiver de enviar mensagens de resposta. [6-16] Sem fiabilidade, as mensagens UDP podem perder-se devido a erro ou congestionamento sem qualquer notificação ao remetente ou ao destinatário. As aplicações que utilizam UDP devem estar dispostas a aceitar a troca de fiabilidade pela simplicidade ou devem fornecer os seus próprios mecanismos de fiabilidade ao nível da aplicação. Várias aplicações podem tirar partido da conceção leve do UDP se não necessitarem de serviços sofisticados da camada de transporte. Por exemplo, os serviços multimédia em tempo real não beneficiariam de um fluxo de dados que está a ser reproduzido em tempo real.

Várias aplicações utilizam o UDP como protocolo da camada de transporte. O DNS, o SNMP, o TFTP, o DHCP, o NTP, o CBR e o RIP estão entre a classe de protocolos que utilizam o serviço de entrega de mensagens simples do UDP. [6] O protocolo sem conexão UDP tem várias vantagens sobre o TCP. Como não há conexão quando se usa o UDP, o atraso é menor do que se fosse usado o TCP. O UDP também não mantém um estado de conexão porque é um protocolo sem conexão. Não fornece um controlo de congestionamento nem mantém buffers de remetente/recetor. Por conseguinte, um servidor pode dar resposta a vários clientes e os dados podem ser enviados assim que são produzidos pela aplicação, independentemente do congestionamento e dos buffers do recetor. Por último, o UDP tem menos sobrecarga porque tem apenas um cabeçalho de 8 bytes, enquanto o TCP tem um cabeçalho de 20 bytes. [6-16]

2.3.3 O Protocolo de Controlo de Transmissão (TCP)

O protocolo TCP fornece um método normalizado de uso geral para a entrega fiável de dados. Para as aplicações, o TCP proporciona uma forma normalizada de aceder a computadores remotos em redes de Internet pouco fiáveis. Esta fiabilidade é proporcionada pela adição de serviços sobre o IP. O IP não tem ligação e não garante a entrega de pacotes.

A fiabilidade do TCP é conseguida através da retransmissão dos dados que foram enviados mas que não foram confirmados pelo recetor num determinado período de tempo. Assim, o TCP emissor deve manter os dados enviados em memória até receber as confirmações dos dados enviados.

O TCP parte do princípio de que o IP não é inerentemente fiável, pelo que acrescenta serviços para garantir a entrega de dados de extremo a extremo. O TCP tem muito poucas expectativas em relação aos serviços fornecidos pelas redes, pelo que pode ser executado numa grande variedade de hardware. Tudo o que é necessário ao nível inferior é um serviço de datagrama não fiável. O TCP é o principal protocolo de transporte utilizado para fornecer ligações fiáveis, full-duplex e em circuito virtual. A utilização mais comum do TCP é executá-lo sobre IPv4 ou IPv6, embora tenham sido realizados vários projectos experimentais para executar o TCP noutros protocolos da camada de rede [6].

O IP é implementado em anfitriões e routers. O TCP é normalmente implementado apenas nos anfitriões. Atualmente, muitos routers são implementados com o protocolo TCP para facilitar a configuração e a gestão. Por exemplo, muitos routers comerciais implementam o TCP ou o UDP para permitir o início de sessão remoto e facilidades de gestão da rede. Embora o TCP e o UDP estejam implementados nos routers, os protocolos de transporte não são utilizados pelos serviços e mensagens de encaminhamento.

O TCP foi originalmente concebido para funcionar de forma fiável em quase todos os meios de transmissão, independentemente da taxa de transmissão, do atraso, da corrupção, da duplicação ou da reordenação dos segmentos. Desde que o protocolo foi introduzido pela primeira vez, as taxas de transmissão das redes aumentaram drasticamente. No entanto, o TCP pode funcionar razoavelmente bem em vários caminhos da Internet, desde os modems de marcação lenta até às modernas redes gigabit [7, 6]. No entanto, este tipo de evolução nas redes e também nas camadas de nível inferior exige um desenvolvimento constante do TCP.

Basicamente, há duas razões principais para os problemas actuais com o TCP. Em primeiro lugar, o TCP tenta exceder a capacidade de transporte da rede subjacente, o que provoca congestionamento na rede e reduz as taxas de dados das ligações. Em segundo lugar, o pressuposto tradicional do TCP é que as perdas de pacotes indicam sempre congestionamento da rede. Esta suposição é normalmente correta em redes com fios, mas em redes sem fios, onde os erros de bits corrompidos são comuns, reduz drasticamente as taxas de dados.

2.3.4 TFRC

O TFRC [5] é um mecanismo de controlo de débito extremo-a-extremo concebido para aplicações de fluxo contínuo para resolver o problema da iniquidade. Trata-se de um esquema baseado em equações e a sua taxa de envio é próxima da do TCP. O TFRC foi concebido para ser razoavelmente justo quando compete pela largura de banda com fluxos TCP, sendo que um fluxo é "razoavelmente justo" se a sua taxa de envio estiver geralmente dentro de um fator de dois da taxa de envio de um fluxo TCP nas mesmas condições. No entanto, o TFRC tem uma variação muito menor do débito ao longo do tempo em comparação com o TCP, o que o torna mais adequado para aplicações como a telefonia ou o fluxo contínuo de média, em que é importante uma taxa de envio relativamente suave. [8]

A desvantagem de ter um débito mais suave do que o TCP, embora competindo equitativamente pela largura de banda, é o facto de o TFRC responder mais lentamente do que o TCP à alteração da largura de banda disponível. O TFRC é um mecanismo baseado no recetor, com o cálculo da informação de controlo do congestionamento (ou seja, a taxa de eventos de perda) no recetor de dados e não no emissor de dados. Para o seu mecanismo de controlo do congestionamento, o TFRC utiliza diretamente uma equação de débito para a taxa de envio permitida em função da taxa de eventos de perda e do tempo de ida e volta. Para competir de forma equitativa com o TCP, o TFRC utiliza a equação de débito do TCP, que descreve aproximadamente a taxa de envio do TCP em função da taxa de eventos de perda, do tempo de ida e volta e do tamanho do pacote. A equação de débito utilizada no TFRC é uma versão ligeiramente simplificada da equação de débito do TCP Reno. [17-18]

2.3.5 Desafios do TFRC em ambiente sem fios

O TFRC, que utiliza a taxa de perda de pacotes como sinal de congestionamento para ajustar a taxa de envio, funciona muito bem para aplicações multimédia em redes com fios. Mas num ambiente sem fios, o TFRC e o TCP enfrentam novos desafios causados pelas caraterísticas únicas da comunicação sem fios. Ao contrário da espinha dorsal de fibra ótica e das redes com fios de cobre, as ligações sem fios utilizam o ar livre como meio de transmissão e estão sujeitas a muitos factores incontroláveis que afectam a qualidade, como o desvanecimento, a interferência e as transferências. Em consequência, as ligações sem fios apresentam uma BER muito mais elevada do que as ligações com fios. Os protocolos normais de controlo da transmissão, como o TCP e o TFRC, não conseguem lidar eficazmente com a elevada BER. Uma vez que, no TFRC ou no TCP, todas as perdas de pacotes são inferidas como sendo o resultado do congestionamento da rede, a perda aleatória de pacotes causada pela elevada BER da ligação sem fios levaria, por engano, o emissor a reduzir desnecessariamente o seu débito de envio. O desempenho do TFRC degrada-se seriamente com o aumento da BER da ligação sem fios. [19]

2.4 Métrica de desempenho

2.4.1 Perda de pacotes

A perda de pacotes ocorre quando um ou mais pacotes de dados que viajam através de uma rede informática não conseguem chegar ao seu destino. A perda de pacotes é ilustremente um dos três principais tipos de erro encontrados nas comunicações digitais; os outros dois são erros de bits e pacotes espúrios causados por ruído. [24]

A perda de pacotes pode ser causada por uma série de factores, incluindo a degradação do sinal no meio de rede, ligações de rede saturadas, pacotes corrompidos rejeitados em trânsito, hardware de rede defeituoso, controladores de rede defeituosos ou rotinas de encaminhamento normais. Quando causada por problemas de rede, a perda ou queda de pacotes pode resultar em problemas de desempenho altamente perceptíveis ou em instabilidade com tecnologias de streaming, voz sobre IP, jogos em linha e videoconferência, e afectará todas as outras aplicações de rede até certo ponto. No entanto, é importante notar que a perda de pacotes nem sempre indica um problema. Se a latência e a perda de pacotes no salto de destino forem aceitáveis, os saltos anteriores a esse não têm importância. [25-26]

2.4.2 Atraso

O tempo necessário para viajar da fonte para o destino ou do destino para a fonte. O período que um código necessita para trocar dados, o período que um pacote necessita para viajar até um ponto de passagem num comutador, encriptação, passagem através de filtros e outros. [24-27]

O UDP é normalmente escolhido para aplicações multimédia. Ao contrário do TCP, o UDP é capaz de efetuar multicasting. A aplicação envia os dados para os clientes à medida que são recebidos. Tem o menor atraso, uma vez que os segmentos de dados são enviados sem uma ligação estabelecida. [27]

2.4.3 Jitter

Variação do atraso (ou jitter): Variação no atraso de pacotes individuais. O jitter indica a quebra entre os sucessivos pacotes de atraso que chegam ao alvo; um pacote pode eventualmente ser atrasado para além do segundo, o que resulta numa quebra da superioridade da ligação. Por último, os pacotes de dados podem ser interrompidos quando uma fração de uma rede sofre um empastelamento extremo. [25-28]

2.5 Trabalhos relacionados

2.5.1 Desempenho do UDP em redes com fio e sem fio baseadas em IP

Ao investigar o desempenho do Protocolo de Datagrama de Utilizador (UDP) em ligações com fios baseadas em IP e em redes sem fios. A forma teórica pode ser estendida e experimentada por meio do Network Simulator 2 (NS2) e seu desempenho foi observado em ambas as redes. Os resultados da imitação são classificados em termos de rendimento eficiente, falha de pacotes e consumo de largura de banda. O UDP demonstra uma maior degradação do seu comportamento em relação às redes com fios, e o facto de o UDP não conter um protocolo de gestão de fluxos, uma vez que não retransmite os pacotes em falta, é uma consequência do elevado débito. [20-21]

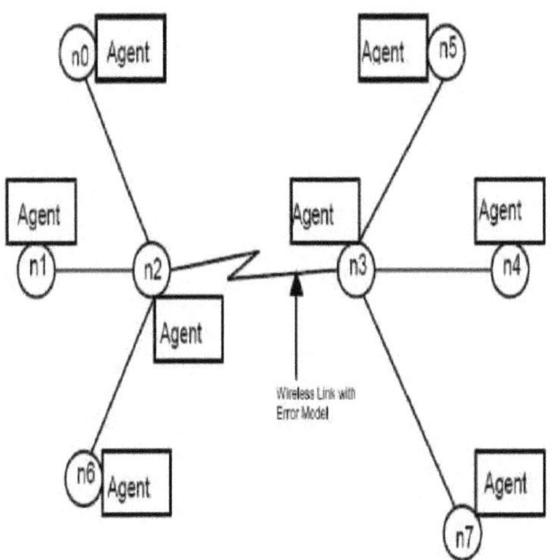

Figura 8: Uma forma de duas LANs com ligação sem fios [20]

2.5.2 Esquema TFRC baseado no rácio de jitter em redes híbridas com fios

O controlo do débito é um tema importante na comunicação multimédia em tempo real para redes com e sem fios. O controlo de taxa TCP amigável TFRC é um método de controlo de taxa amplamente reconhecido nas redes com fios. No entanto, pressupõe que a falha de pacotes é causada apenas por interferência. Na rede sem fios, uma grande quantidade de falhas de pacotes é causada por falhas na camada física. É apresentada uma TFRC personalizada para redes híbridas com e sem fios que utiliza a relação de jitter como indicação para distinguir falhas de interferência e falhas sem fios. A modelação alargada em NS-2 confirma que o novo método inclui uma execução de boas produções melhorada do que o TFRC, para além de manter uma simpatia satisfatória para os fluxos TCP. [22-23]

Na companhia da rápida expansão das tecnologias de comunicação e de rede, as redes de voz convencionais e as redes de dados têm vindo a combinar-se mutuamente numa rede multimédia incorporada que fornece uma variedade de serviços que vão do correio eletrónico, navegação na Web à telefonia, conferência visual e vídeo a pedido. A perspetiva da rede multimédia incorporada está a expandir-se cada vez mais para integrar sistemas com fios, sem fios e celulares. No sistema celular WAN+WLAN+3G incorporado, demonstrado na figura 9, as informações adicionais e as aplicações multimédia são aprovadas de ponta a ponta utilizando as actuais comunicações por protocolo Internet. [9]

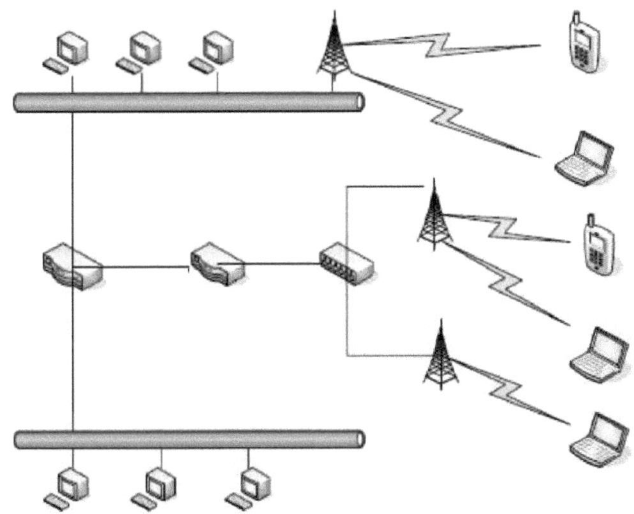

Entre eles, os serviços multimédia simultâneos, como o VOD e o VoIP, ocupam uma posição vital na Internet atual. Estas funções utilizam o User Datagram Protocol (UDP) ou o Real-time Transport Protocol (RTP) como protocolo de comunicação mais facilmente do que o TCP, uma vez que não requerem retransmissão e são flexíveis em relação a falhas. No entanto, estes procedimentos não dispõem de métodos de gestão de interferências. Quando se utilizam estes protocolos, que não incluem quaisquer métodos de gestão de interferências para a gestão da velocidade, os outros tráfegos através do TCP terão uma funcionalidade terrível causada por problemas de queda para zero. [9]

Goodput é a quantidade eficiente de informação transportada através da rede. É um indicador direto da funcionalidade da rede. Um TFRC-Jr excelente envia o máximo de informação possível, mesmo que seja compatível com os fluxos TCP. A Figura 2.8 é a forma da imitação. As relações finais com o destinatário são relações sem fios com uma largura de banda e uma interrupção de 100Mb e 1ms. As ligações dos expedidores ao router são com fios, com uma largura de banda de 100 Mb e uma interrupção de 1 ms. Os fluxos N atribuem uma ligação com fios com uma largura de banda de 5 Mb e uma interrupção de 35 ms. A imitação demora 100 segundos.

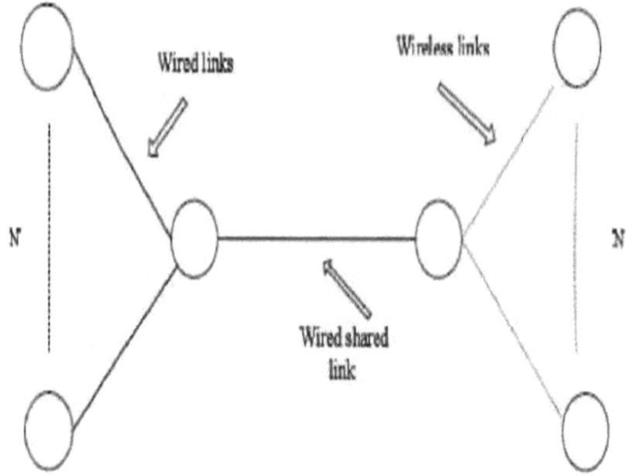

Figura 10: Topologia de rede híbrida com fios e sem fios com N fluxos [9]

Metodologia de investigação

De acordo com [29], a simulação de redes é uma das principais metodologias de avaliação no domínio das redes informáticas. É normalmente utilizada para o desenvolvimento de novos protocolos de rede e arquitecturas de comunicação. Por isso, os simuladores de rede permitem modelar uma rede de computadores arbitrária, identificando as actividades e o comportamento dos canais de comunicação e dos nós da rede. Por exemplo, para estudar os mecanismos de um novo protocolo de encaminhamento, este é normalmente implementado no simulador de rede. Além disso, o comportamento do encaminhamento pode ser facilmente estudado em diferentes topologias, dado que a topologia da rede é apenas um conjunto de parâmetros de simulação. A maioria dos conjuntos de ferramentas de simulação de redes disponíveis baseia-se no paradigma da simulação baseada em eventos discretos (DES).

As primeiras abordagens em que o DES foi aplicado à simulação de redes de computadores foram publicadas há cerca de duas décadas. O ns-2 é um sucesso direto desses primeiros esforços e, desde então, tornou-se praticamente o padrão para a simulação de redes. Isto pode ser atribuído ao facto de numerosos modelos, por exemplo, modelos de protocolos e geradores de tráfego, estarem publicamente disponíveis para o ns-2. Estes modelos podem ser utilizados à mão, eliminando assim a necessidade de os implementar manualmente.

Para além do ns-2, mais de uma dúzia de simuladores de rede são atualmente utilizados no meio académico e na indústria. Exemplos proeminentes incluem o OMNET++ [30], o JIST baseado em Java [31] e ferramentas comerciais como o modelador OPNET. Além disso, ferramentas de simulação especializadas, como o simulador de RSSF TOSSIM [32], servem domínios de investigação específicos. Isto deixa muitos investigadores e estudantes de pós-graduação com a questão de saber qual o simulador de rede a utilizar, especialmente se estiverem interessados em obter um elevado desempenho de simulação.

Neste estudo, o investigador utilizará o Estudo de Simulação Sistemática para comparar o desempenho do TFRC e do UDP numa rede IP móvel. Este método ajuda os novos investigadores a definir a tarefa em várias etapas e ajuda-os a evitar erros comuns. Estes passos também podem ser adaptados a projectos de simulação. [11]

Neste caso, as etapas da simulação têm duas fases: a fase de pré-software e a fase de software. Cada fase tem quatro etapas, como se descreve a seguir; as principais fases deste estudo são apresentadas na figura 11. Estas fases são:

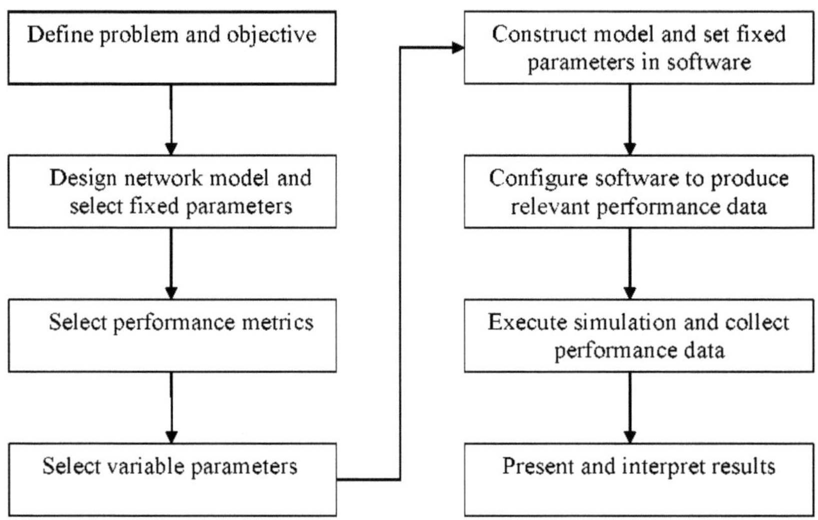

Figura 11 Etapas da simulação [7]

3.1 Fase pré-software

Passo 1:   Definir o problema e o objetivo

A definição do objetivo e dos objectivos da simulação é o aspeto mais importante para este estudo.

Passo 2: Conceber o modelo de rede e selecionar os parâmetros fixos

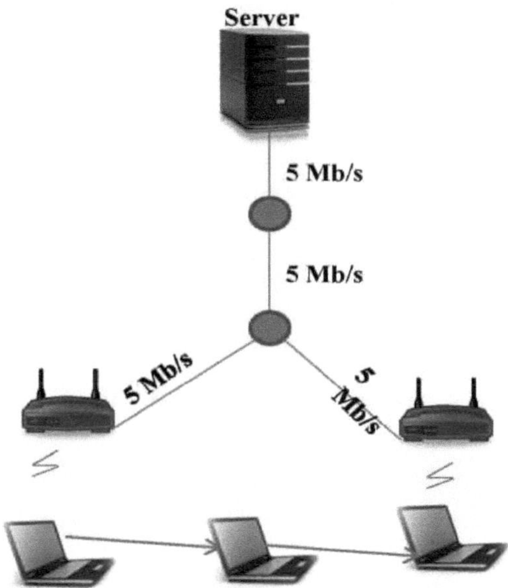

Figura 12 Topologia da experiência

Passo 3: Selecionar métricas de desempenho

Nesta etapa, determinaremos as métricas a serem utilizadas para este estudo de comparação de desempenho; as métricas de desempenho são a perda de pacotes, o Jitter e também o atraso de pacotes.

Passo 4: Selecionar parâmetros variáveis

Nesta etapa, vamos definir os parâmetros variáveis que têm impacto nas métricas de desempenho, como a taxa de erro de bits. Neste caso, todos os parâmetros variáveis são fixos e o.

3.2 Fase de software

Agora, o investigador centrar-se-á noutras quatro etapas relacionadas com as fases do software de simulação.

Passo 5:   Construir o modelo de rede e definir parâmetros fixos na simulação software

Nesta etapa, construiremos no software o modelo de rede de referência concebido na etapa dois. Também definimos os valores dos parâmetros fixos no modelo de software. Esta etapa pode exigir alguma codificação. A simulação de rede (NS-2) é proposta para este estudo.

Etapa 6:   Configurar o software de simulação para produzir dados de desempenho relevantes

O software deve ser configurado ou programado para registar os valores dos indicadores de desempenho que selecionámos na terceira etapa.

Passo 7:   Executar o programa de simulação e recolher dados de desempenho

Executar o programa de simulação. Essas execuções são conhecidas como execução de simulação. Os dados das métricas de desempenho são recolhidos nos ficheiros de disco. Em seguida, devemos certificar-nos de que os dados de saída recolhidos são válidos e não contêm erros estatísticos.

Etapa 8.   Apresentar e interpretar os resultados

Os dados recolhidos na etapa anterior estão normalmente em bruto. Os dados em bruto serão processados posteriormente para produzir gráficos visuais. As métricas de desempenho são representadas no eixo y e as variáveis são representadas no eixo x para mostrar o impacto das variáveis nas métricas de desempenho. Depois de apresentar os resultados nos gráficos, tabelas e quadros, o analista deve interpretá-los para tirar conclusões úteis.

Conclusão

Neste projeto vamos estudar três métricas de desempenho - perda de pacotes, atraso de pacotes e jitter - de dois protocolos de camada de transporte diferentes em redes IP móveis. O investigador irá implementar o TFRC e o UDP numa rede IP móvel. Para identificar quais protocolos podem suportar a mobilidade. A simulação de rede NS-2 é proposta para implementar os itens anteriores e para apresentar e interpretar os resultados.

Referências

[1]   Internet world statistics, disponível em http://www.internetworldstats.com/stats.htm, 18 de junho de 2010.

[2]   R. Flickenger, Wireless Networking in the Developing World, Hacker Friendly LLC, 2006.

[3]   A. Goldsmith, Wireless Communications: Cambridge University Press, 2005.

[4]   R. MacManus (5 de setembro de 2007), Future Web Trends, Disponível:

http://www.readwriteweb.com/archives/10_future_web_trends.php, 19 de junho de 2010.

[5]   M. Handley, "RFC3448 - TCP Friendly Rate Control (TFRC): Protocol Specification", The Internet Society, pp. 1-24, janeiro de 2003.

[6]   J. Postel, "RFC768 - User Datagram Protocol", USC/Information Sciences Institute, 28 de agosto de 1980.

[7]   AB. Johnston, SIP: Understanding the Session Initiation Protocol, Artech House Publishers, 2009

[8]   H. ElAarag e A. Moedinger, "IFTP-W: A TCP-Friendly Protocol for Multimedia Applications over Wireless Networks", apresentado na 43.ª Conferência ACM Southeast, 2005.

[9]   Q. Li, et al., "Jitter Ratio Based TFRC Scheme in Wireless-Wired Hybrid Network," Digital Telecommunications, 2006. ICDT '06. Conferência Internacional sobre, 2006.

[10]   N. Venkataraman, "Inside Mobile IP", disponível em: http://www.ddj.com/mobile/184406240, 15 de junho de 2010.

[11]   M. Hassan e R. Jain, "High Performance TCP/IP Networking: Concepts, Issues, and Solutions", Prentice-Hall, 2003.

[12]   C. T. Bhunia. (fevereiro de 2009) Internet com IP Móvel. *Eletrónica para si*. 108-114.

[13]   S. McEvoy, Manual do Microsoft Windows Media Player para Windows XP: Microsoft Press, 2001.

[14]   A. i. Research. (16 de fevereiro de 2006, Accustream Research: Internet video up by 50% in '05 to over 17.9 billion streams served. Disponível em: http://www.accustreamrearch.com/news/feb-16- 06.html, 12 de junho de 2010.

[15]   A. E. Grant e J. H. Meadows, Communication Technology Update: Focal Press é uma marca da Elsevier, 2006.

[16]   J. Kristoff, "The Trouble with UDP scanning" apresentado na 14ª Conferência Anual sobre Tratamento de Incidentes de Segurança Informática, Hawaii, EUA, 11 de março de 2002.

[17]   S. Floyd e K. Fall, "Promoting the use of end-to-end congestion control in the Internet", IEEE/ACM Transactions on Networking, vol. 7, no. 4, pp. 458-472, agosto de 1999.

[18]   H. ElAarag e M. Bassiouni, "An Internet Friendly Transport Protocol for continuous media over best effort networks", Int. J. of Communication Systems, John Wiley and Sons, 2002, 15:881-898.

[19]   J. Widmer, R. Denda e M. Mauve, "A survey on TCP Friendly congestion control", IEEE Network, vol. 15, pp. 28-37, maio de 2001.

[20]   Y. Gu, X. Hong, M. Mazzuco e R. Grossman, SABUL: Um protocolo de transferência de dados de alto desempenho, 2005. Disponível em: http://www.rgrossman.com/pdf/sabul-hpdtp-11-02.pdf, 15 de junho de 2010.

[21]   J. He e S. H. Gary-Chan, Desempenho de TCP e UDP para Internet em redes ópticas comutadas por pacotes. Journal of Computer Networks, 2004. 45, 505-521.

[22]   S. Cen, C. Cosman e M. Geoffrey, "End-to-End Differentiation of Congestion", IEEE/ACM Transactions on Networking(TON), Volume 11 Issue 5, October 2003 Page(s):703- 717

[23]   E.H. Wu, M. Z. Chen, "JTCP: Jitter-based TCP for heterogeneous wireless networks", Selected Areas in Communications, IEEE Journal on Volume 22, Issue 4, May 2004, Page(s):757- 766

[24]   J. F. Kurose, Computer Networking: A Top-Down Approach Greg Tobin, 2008.

[25]   G. Almes, et al., "RFC2680-A One-way Packet Loss Metric for IPPM", Network Working Group, setembro de 1999.

[26]   "Monitoring Your IP Telephony," NetworkNEC Unified Solutions, 2004.

[27]   G. Almes, et al., "RFC2681-A Round-trip Delay Metric for IPPM", Network Working Group, setembro de 1999.

[28]   C. Demichelis e P. Chimento, "RFC3393-IP Packet Delay Variation Metric for IP Performance Metrics (IPPM)", Network Working Group, novembro de 2002.

[29]   E. Weing"artner, "A performance comparison of recent network simulators," apresentado na Communications, 2009. ICC '09. Conferência Internacional do IEEE, 14-18 de junho de 2009.

[30]   A. Varga e R. Hornig. Uma visão geral do ambiente de simulação OMNeT++. Em Actas da Primeira Conferência Internacional sobre Ferramentas e Técnicas de Simulação para Comunicações, Redes e Sistemas (SIMUTools 2008'), março de 2008.

[31]   R. Barr, Z. J. Haas, e R. van Renesse. JiST: uma abordagem eficiente à simulação utilizando máquinas virtuais. Softw, Pract. Exper, 35(6):539-576, 2005.

[32]   P. Levis, N. Lee, M. Welsh e D. Culler. TOSSIM: simulação precisa e escalável de aplicações TinyOS inteiras. In In Proceedings of the 1st ACM Conference on Embedded Networked Sensor Systems (SenSys 2003), 2003.

APÊNDICE

O Simulador de Rede 2

O NS2 é uma ferramenta de simulação de código aberto que funciona em Linux. É um simulador de eventos discretos direcionado para a investigação em redes e fornece um suporte substancial para a simulação de encaminhamento, protocolos multicast e protocolos IP, tais como UDP, TCP, RTP e SRM em redes com e sem fios (locais e por satélite). Tem muitas vantagens que o tornam uma ferramenta útil, como o suporte para múltiplos protocolos e a capacidade de detalhar graficamente o tráfego de rede. Além disso, o NS2 suporta vários algoritmos de roteamento e enfileiramento. O roteamento de LAN e broadcasts fazem parte dos algoritmos de roteamento.

Atualmente, o desenvolvimento do NS2 pelo grupo VINT é apoiado pela Defense Advanced Research Projects Agency (DARPA) com o SAMAN e pela NSF com o CONSER, ambos em colaboração com outros investigadores, incluindo a ACIRI (ver Recursos). O NS2 está disponível em várias plataformas, como FreeBSD, Linux, SunOS e Solaris. O NS2 também é construído e executado no Windows.

Cenários simples devem ser executados em qualquer máquina razoável; no entanto, cenários muito grandes se beneficiam de grandes quantidades de memória. Além disso, o NS2 requer os seguintes pacotes para rodar: Tcl versão 8.3.2, Tk versão 8.3.2, OTcl versão 1.0a7 e TclCL versão 1.0b11.

Instalação e configuração:

Passo :1 (Certifique-se de que o Ns2 está a funcionar a partir do seu login)

Se escrever ns, deve mostrar % (como mostra o ecrã). Utilize o Xwin32 para suporte gráfico.

Passo :2 (Escrever um script tcl para a sua aplicação)

É necessário guardar este script tcl (filename.tcl) na sua conta, pode usar o ftp para transferir o script tcl para o servidor Ns2. Para saber mais sobre a sintaxe do tcl, use este link http://hegel.ittc.ukans.edu/topics/tcltk/index.html

Passo :3 (Compreender um script tcl para "Rede ad hoc móvel")

a. Segue-se um script tcl para uma rede ad hoc móvel (nota: este script tcl não foi criado por mim, mas funciona bem e é um ótimo exemplo para começar). Note-se uma coisa importante neste script tcl "$ns_ use-newtrace", que dará um ficheiro de rastreio detalhado.

b. Para obter uma explicação detalhada sobre a execução de uma simulação sem fios, utilize esta ligação

http://www.isi.edu/nsnam/ns/tutorial/nsscript5.html

```
=============================================================================
# Define options
# ==========================================================================
set val(chan)          Channel/WirelessChannel    ;# channel type
set val(prop)          Propagation/TwoRayGround    ;# radio-propagation model
set val(netif)         Phy/WirelessPhy             ;# network interface type
set val(mac)           Mac/802_11                  ;# MAC type
set val(ifq)           Queue/DropTail/PriQueue     ;# interface queue type
set val(ll)            LL                          ;# link layer type
set val(ant)           Antenna/OmniAntenna         ;# antenna model
set val(ifqlen)        50                          ;# max packet in ifq
set val(nn)            27                          ;# number of
                                                    #mobile nodes
```

```tcl
set val(rp)              AODV    ;# this is for AODV routing protocol,
                                 #you can use DSDV, TORA, etc.

set val(x)              500      # Area
set val(y)              500

proc usage {} {
    puts {cbr_mobile: Usage> ns simple_manet.tcl [manet
<DSR,AODV,TORA,OLSR,NRLOLSR,others> }
    puts {PARAMETERS NEED NOT BE SPECIFIED... DEFAULTS WILL BE USED}
    exit
}

set state flag
foreach arg $argv {
        switch -- $state {
                flag {
                switch -- $arg {
                        manet   {set state manet}
                        help    {usage}
                        default {error "unknown flag $arg"}
                }
                }
                manet   {set state flag; set val(rp) $arg}
        }
}


# ======================================================================
# Main Program
# ======================================================================

#
# Initialize Global Variables
#

set ns_            [new Simulator]

$ns_ use-newtrace # Please use this trace command to get the latest
                  #format in you trace file

# Create trace file
set tracefd        [open simple_manet.tr w]

# Write into trace file
$ns_ trace-all $tracefd

#Create Nam file
set namtrace [open simple_manet.nam w]

# Write into nam file
$ns_ namtrace-all-wireless $namtrace $val(x) $val(y)

# Set up topography object
set topo        [new Topography]

$topo load_flatgrid 500 500


# Create God

create-god $val(nn)
```

```tcl
#Create the specified number of mobilenodes [$val(nn)] and "attach" #them to the
channel.

# Configure node using the parameters specified in "define options"
set chan_1_ [new $val(chan)]

        $ns_ node-config -adhocRouting $val(rp) \
                         -llType $val(ll) \
                         -macType $val(mac) \
                         -ifqType $val(ifq) \
                         -ifqLen $val(ifqlen) \
                         -antType $val(ant) \
                         -propType $val(prop) \
                         -phyType $val(netif) \
                         -channel $chan_1_ \
                         -topoInstance $topo \
                         -agentTrace ON \
                         -routerTrace ON \
                         -macTrace OFF \
                         -movementTrace ON

        # Creating nodes using above parameters
        for {set i 0} {$i < $val(nn) } {incr i} {
                set node_($i) [$ns_ node]
                $node_($i) random-motion 1
                                ;# enable random motion
        }



# Provide initial (X,Y, for now Z=0) co-ordinates for mobilenodes
# Here node_(0) is the source.
$node_(0) set X_ 50.0
$node_(0) set Y_ 50.0

$node_(1) set X_ 1.0
$node_(1) set Y_ 1.0
$node_(2) set X_ 1.0
$node_(2) set Y_ 100.0
$node_(3) set X_ 1.0
$node_(3) set Y_ 200.0
$node_(4) set X_ 1.0
$node_(4) set Y_ 300.0
$node_(5) set X_ 1.0
$node_(5) set Y_ 400.0
$node_(6) set X_ 100.0
$node_(6) set Y_ 1.0
$node_(7) set X_ 100.0
$node_(7) set Y_ 100.0
$node_(8) set X_ 100.0
$node_(8) set Y_ 200.0
$node_(9) set X_ 100.0
$node_(9) set Y_ 300.0
$node_(10) set X_ 100.0
$node_(10) set Y_ 400.0
$node_(11) set X_ 200.0
$node_(11) set Y_ 1.0
$node_(12) set X_ 200.0
$node_(12) set Y_ 100.0
$node_(13) set X_ 200.0
$node_(13) set Y_ 200.0
$node_(14) set X_ 200.0
$node_(14) set Y_ 300.0
$node_(15) set X_ 200.0
```

```
$node_(15) set Y_ 400.0
$node_(16) set X_ 300.0
$node_(16) set Y_ 1.0
$node_(17) set X_ 300.0
$node_(17) set Y_ 100.0
$node_(18) set X_ 300.0
$node_(18) set Y_ 200.0
$node_(19) set X_ 300.0
$node_(19) set Y_ 300.0
$node_(20) set X_ 300.0
$node_(20) set Y_ 400.0
$node_(21) set X_ 400.0
$node_(21) set Y_ 1.0
$node_(22) set X_ 400.0
$node_(22) set Y_ 100.0
$node_(23) set X_ 400.0
$node_(23) set Y_ 200.0
$node_(24) set X_ 400.0
$node_(24) set Y_ 300.0
$node_(25) set X_ 400.0
$node_(25) set Y_ 400.0


# Node_(26) is the data collection point
$node_(26) set X_ 450.0
$node_(26) set Y_ 450.0


# Set the color of the nodes
$ns_ at .01 "$node_(1) color blue"
$ns_ at .01 "$node_(26) color yellow"


#Set destination format is "setdest <x> <y> <speed>"

# node_(0) is the phenominon.
$ns_ at 0.01 "$node_(0) setdest 50.0 50.0 0.0"
$ns_ at 5.0 "$node_(0) setdest 350.0 350.0 0.0"
$ns_ at 6.0 "$node_(0) setdest 1.0 350.0 0.0"
$ns_ at 7.0 "$node_(0) setdest 50.0 50.0 0.0"


$ns_ at 0.01 "$node_(1) setdest 1.0 1.0 0.0"
$ns_ at 0.01 "$node_(2) setdest 1.0 100.0 0.0"
$ns_ at 0.01 "$node_(3) setdest 1.0 200.0 0.0"
$ns_ at 0.01 "$node_(4) setdest 1.0 300.0 0.0"
$ns_ at 0.01 "$node_(5) setdest 1.0 400.0 0.0"
$ns_ at 0.01 "$node_(6) setdest 100.0 1.0 0.0"
$ns_ at 0.01 "$node_(7) setdest 100.0 100.0 0.0"
$ns_ at 0.01 "$node_(8) setdest 100.0 200.0 0.0"
$ns_ at 0.01 "$node_(9) setdest 100.0 300.0 0.0"
$ns_ at 0.01 "$node_(10) setdest 100.0 400.0 0.0"
$ns_ at 0.01 "$node_(11) setdest 200.0 1.0 0.0"
$ns_ at 0.01 "$node_(12) setdest 200.0 100.0 0.0"
$ns_ at 0.01 "$node_(13) setdest 200.0 200.0 0.0"
$ns_ at 0.01 "$node_(14) setdest 200.0 300.0 0.0"
$ns_ at 0.01 "$node_(15) setdest 200.0 400.0 0.0"
$ns_ at 0.01 "$node_(16) setdest 300.0 1.0 0.0"
$ns_ at 0.01 "$node_(17) setdest 300.0 100.0 0.0"
$ns_ at 0.01 "$node_(18) setdest 300.0 200.0 0.0"
$ns_ at 0.01 "$node_(19) setdest 300.0 300.0 0.0"
$ns_ at 0.01 "$node_(20) setdest 300.0 400.0 0.0"
$ns_ at 0.01 "$node_(21) setdest 400.0 1.0 0.0"
$ns_ at 0.01 "$node_(22) setdest 400.0 100.0 0.0"
$ns_ at 0.01 "$node_(23) setdest 400.0 200.0 0.0"
$ns_ at 0.01 "$node_(24) setdest 400.0 300.0 0.0"
$ns_ at 0.01 "$node_(25) setdest 400.0 400.0 0.0"
$ns_ at 0.01 "$node_(26) setdest 450.0 450.0 0.0"
```

```
#Set Udp, cbr agent and attach those with nodes

set udp1 [new Agent/UDP]
$ns_ attach-agent $node_(1) $udp1
$udp1 set class_ 0

#$udp1 set fid_ 2
set cbr1 [new Application/Traffic/CBR]
$cbr1 attach-agent $udp1
$cbr1 set packetSize_ 1000
$cbr1 set interval_ 0.02

# Attach null agent for sink
set null1 [new Agent/Null]
$ns_ attach-agent $node_(26) $null1
$ns_ connect $udp1 $null1

# Start the traffic generator
$ns_ at 2.0 "$cbr1 start"

# Setting the time to stop the simulation
$ns_ at 160.0 "stop"
$ns_ at 160.01 "puts \"NS EXITING...\" ; $ns_ halt"

proc stop {} {
    global ns_ tracefd namtrace
    $ns_ flush-trace
    close $tracefd
    close $namtrace
}

puts "Starting Simulation..."

# Run the simulation
$ns_ run
```

Passo 4 (Para analisar o ficheiro de rastreio ou para executar o nam)

a. Um exemplo do formato do traço é apresentado a seguir:

```
s -t 0.267662078 -Hs 0 -Hd -1 -Ni 0 -Nx 5.00 -Ny 2.00 -Nz 0.00 -Ne
-1.000000 -Nl RTR -Nw --- -Ma 0 -Md 0 -Ms 0 -Mt 0 -Is 0.255 -Id -1.255 -It
message -Il 32 -If 0 -Ii 0 -Iv 32
s -t 1.511681090 -Hs 1 -Hd -1 -Ni 1 -Nx 390.00 -Ny 385.00 -Nz 0.00 -Ne
-1.000000 -Nl RTR -Nw --- -Ma 0 -Md 0 -Ms 0 -Mt 0 -Is 1.255 -Id -1.255 -It
message -Il 32 -If 0 -Ii 1 -Iv 32
s -t 10.000000000 -Hs 0 -Hd -2 -Ni 0 -Nx 5.00 -Ny 2.00 -Nz 0.00 -Ne
-1.000000 -Nl AGT -Nw --- -Ma 0 -Md 0 -Ms 0 -Mt 0 -Is 0.0 -Id 1.0 -It tcp -Il
1000 -If
2 -Ii 2 -Iv 32 -Pn tcp -Ps 0 -Pa 0 -Pf 0 -Po 0
r -t 10.000000000 -Hs 0 -Hd -2 -Ni 0 -Nx 5.00 -Ny 2.00 -Nz 0.00 -Ne
-1.000000 -Nl RTR -Nw --- -Ma 0 -Md 0 -Ms 0 -Mt 0 -Is 0.0 -Id 1.0 -It tcp -Il
1000 -If
2 -Ii 2 -Iv 32 -Pn tcp -Ps 0 -Pa 0 -Pf 0 -Po 0
r -t 100.004776054 -Hs 1 -Hd 1 -Ni 1 -Nx 25.05 -Ny 20.05 -Nz 0.00 -Ne
-1.000000 -Nl AGT -Nw --- -Ma a2 -Md 1 -Ms 0 -Mt 800 -Is 0.0 -Id 1.0 -It
tcp -Il 1020 -If 2 -Ii 21 -Iv 32 -Pn tcp -Ps 0 -Pa 0 -Pf 1 -Po 0
s -t 100.004776054 -Hs 1 -Hd -2 -Ni 1 -Nx 25.05 -Ny 20.05 -Nz 0.00 -Ne
-1.000000 -Nl AGT -Nw --- -Ma 0 -Md 0 -Ms 0 -Mt 0 -Is 1.0 -Id 0.0 -It ack -Il 40
-If 2 -Ii 22 -Iv 32 -Pn tcp -Ps 0 -Pa 0 -Pf 0 -Po 0
```

b. A explicação do ficheiro de rastreio pode ser encontrada em

http://www.isi.edu/nsnam/ns/doc/node186.html

c. Para executar o ficheiro .nam, escreva nam no seu início de sessão, aparecerá a Consola Nam, na qual clique na opção file para executar o ficheiro nam. As três janelas são mostradas na figura.

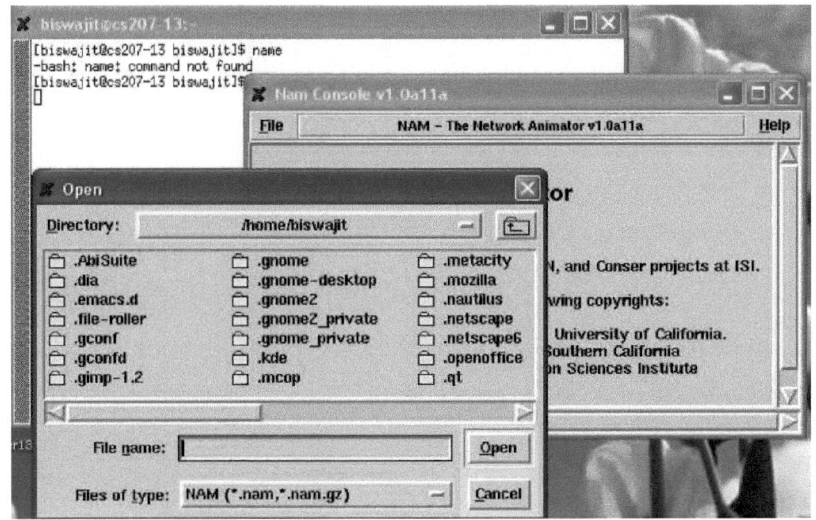

A janela do nome tem o seguinte aspeto:-

41

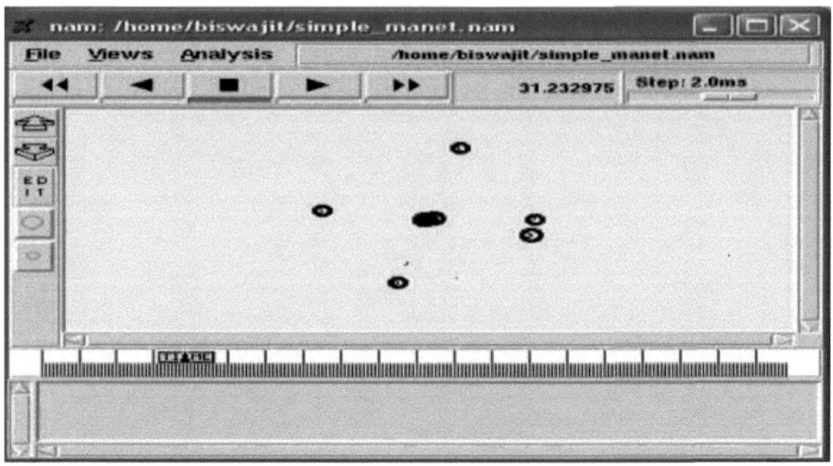

Como analisar o encaminhamento do AODV utilizando o ficheiro de rastreio?

Se executar o script tcl acima, obterá um ficheiro de rastreio, parte do qual tem o seguinte aspeto:

```
M 0.01000 0 (50.00, 50.00, 0.00), (50.00, 50.00), 0.00 -
```
This shows the initial and final position a node, and it's not moving as speed is set at 0.

```
s -t 2.000000000 -Hs 1 -Hd -2 -Ni 1 -Nx 1.00 -Ny 1.00 -Nz 0.00 -Ne -1.000000 -Nl
RTR -Nw --- -Ma 0 -Md 0 -Ms 0 -Mt 0 -Is 1.255 -Id -1.255 -It AODV -Il 48 -If 0 -
Ii 0 -Iv 30 -P aodv -Pt 0x2 -Ph 1 -Pb 1 -Pd 26 -Pds 0 -Ps 1 -Pss 4 -Pc REQUEST
```
-----In this, node 1 is broadcasting a request to establish a path. Hd -2 means no destination hop found yet.

```
r -t 2.001360231 -Hs 0 -Hd -2 -Ni 0 -Nx 50.00 -Ny 50.00 -Nz 0.00 -Ne -1.000000 -
Nl RTR -Nw --- -Ma 0 -Md fffffff -Ms 1 -Mt 800 -Is 1.255 -Id -1.255 -It AODV -
Il 48 -If 0 -Ii 0 -Iv 30 -P aodv -Pt 0x2 -Ph 1 -Pb 1 -Pd 26 -Pds 0 -Ps 1 -Pss 4
-Pc REQUEST
```
------This says node 2 receives a broadcasted request.

```
f -t 2.150459666 -Hs 0 -Hd 13 -Ni 0 -Nx 50.00 -Ny 50.00 -Nz 0.00 -Ne -1.000000 -
Nl RTR -Nw --- -Ma 13a -Md 0 -Ms 1 -Mt 800 -Is 1.0 -Id 26.0 -It cbr -Il 1020 -If
0 -Ii 4 -Iv 29 -Pn cbr -Pi 4 -Pf 1 -Po 0
```
--Message is forwarded by node 0.

```
s -t 2.140000000 -Hs 1 -Hd 0 -Ni 1 -Nx 1.00 -Ny 1.00 -Nz 0.00 -Ne -1.000000 -Nl
RTR -Nw --- -Ma 0 -Md 0 -Ms 0 -Mt 0 -Is 1.0 -Id 26.0 -It cbr -Il 1020 -If 0 -Ii
7 -Iv 30 -Pn cbr -Pi 7 -Pf 0 -Po 0
r -t 2.140822742 -Hs 0 -Hd 0 -Ni 0 -Nx 50.00 -Ny 50.00 -Nz 0.00 -Ne -1.000000 -
Nl RTR -Nw --- -Ma 13a -Md 0 -Ms 1 -Mt 800 -Is 1.0 -Id 26.0 -It cbr -Il 1020 -If
0 -Ii 2 -Iv 30 -Pn cbr -Pi 2 -Pf 1 -Po 0
f -t 2.140822742 -Hs 0 -Hd 13 -Ni 0 -Nx 50.00 -Ny 50.00 -Nz 0.00 -Ne -1.000000 -
Nl RTR -Nw --- -Ma 13a -Md 0 -Ms 1 -Mt 800 -Is 1.0 -Id 26.0 -It cbr -Il 1020 -If
0 -Ii 2 -Iv 29 -Pn cbr -Pi 2 -Pf 1 -Po 0
r -t 2.150459666 -Hs 0 -Hd 0 -Ni 0 -Nx 50.00 -Ny 50.00 -Nz 0.00 -Ne -1.000000 -
Nl RTR -Nw --- -Ma 13a -Md 0 -Ms 1 -Mt 800 -Is 1.0 -Id 26.0 -It cbr -Il 1020 -If
0 -Ii 4 -Iv 30 -Pn cbr -Pi 4 -Pf 1 -Po 0
```

```
f -t 2.150459666 -Hs 0 -Hd 13 -Ni 0 -Nx 50.00 -Ny 50.00 -Nz 0.00 -Ne -1.000000 -
Nl RTR -Nw --- -Ma 13a -Md 0 -Ms 1 -Mt 800 -Is 1.0 -Id 26.0 -It cbr -Il 1020 -If
0 -Ii 4 -Iv 29 -Pn cbr -Pi 4 -Pf 1 -Po 0
```
---From the hop source and destination we can find that, data delivery is done in the route 1-0-13

Printed by Books on Demand GmbH, Norderstedt / Germany